حجابِ شعر

عبیدہ انجمؔ

حجابِ شعر میں اس طرح پوشیدہ ہوں میں انجم
کہ جیسے پھول میں خوشبو ، جو بس محسوس ہوتی ہے

مرتبہ: اعجاز عبید

Hijab-e-She'r (Poetry Collection)
by: Ubaida Anjum
Edition: August '2026
Publisher :
Taemeer Publications LLC (Michigan, USA / Hyderabad, India)

ISBN 978-93-6908-089-2

کتاب	:	**حجابِ شعر** (شعری مجموعہ)
مصنف	:	**عبیدہ انجم**
ترتیب / تہذیب	:	اعجاز عبید
صنف	:	شاعری
ناشر	:	تعمیر پبلی کیشنز (حیدرآباد، انڈیا)
سالِ اشاعت	:	سنہ ۲۰۲۶ء
صفحات	:	۶۶
سرورق ڈیزائن	:	اعجاز عبید

Distributed globally through IngramSpark
Printed on demand by Ingram Content Group through regional printing facilities depending on order destination.

حسن فانی ہے جوانی بھی ہے فانی انجم
صرف کردار ہی ایسا ہے جو لافانی ہے

فہرست

نظمیں گیت :

ابتدائی اشعار (شادی کے بعد)

میرے تخیلات کی دنیا صد آفریں
اپنے مکاں میں رہتی ہوں اپنے مکاں سے دور
پردیس میں نصیب مرا لے کے آ گیا
ہوں آج بی* سے، بھائیوں سے، اور میاں* سے دور
(۱۹۴۱ء)

....

*ہمارے گھر میں بی اور میاں والدین کو کہا جاتا تھا: ع۔ ا

غزلیں

اٹھا اے مطربہ اپنا رباب آہستہ آہستہ
ابھرنے دے یم دل میں حباب آہستہ آہستہ

مرا دل جو کبھی رنگیں تمنّاؤں کا مسکن تھا
ہوا جاتا ہے اب خانہ خراب آہستہ آہستہ

محبت در حقیقت ایک ایسی موج دریا ہے
جو بڑھتی ہے بشکلِ اضطراب آہستہ آہستہ

خزاں آنے سے یہ اہلِ چمن اندوہگیں کیوں ہیں
عروسِ گل بھی ہو گی بے نقاب آہستہ آہستہ

کرے میری بلا ساقی کی منت جب کہ وہ خود ہی
چلا آتا ہے لے کر جامِ ناب آہستہ آہستہ

مجھے اس طرح یاد آتی ہیں وہ گزری ہوئی باتیں
کہ جیسے آتے ہوں رنگین خواب آہستہ آہستہ

نہ ہو کیوں رونق انجمؔ محملِ گردوں میں آتا ہے
ضیائیں اپنی لے کر ماہتاب آہستہ آہستہ

کرم آمادہ ہے چشمِ عتاب آلودہ آج ان کی
دعائیں ہو رہی ہیں مستجاب آہستہ آہستہ

***

۲ اپریل ۱۹۴۳، شائع شدہ زیب النساء، لاہور

***

دنیا کو اپنا تابعِ فرماں بناؤں گی
پھر آج چشمِ دوست کو حیراں بناؤں گی

دنیا کی موج موج کو طوفاں بناؤں گی
اس طرح مشکلات کو آساں بناؤں گی

جلوہ نما اسے کسی عنواں بناؤں گی
دنیائے رنگ و نور کو حیراں بناؤں گی

قائم رہی اگر یہ مری وسعتِ نگاہ
ذرّے کو آفتابِ درخشاں بناؤں گی

شبنم صفت بہا کے ہر اشکِ لطیف کو
دریائے بے بہا کو میں ارزاں بناؤں گی

سمجھے نہ سمجھے کوئی اسے لیکن اے ندیم
ہر شکلِ آرزو کو نمایاں بناؤں گی

انجمؔ ہر ایک کارِ بیاباں کو ایک دن
آسودۂ بہارِ گلستاں بناؤں گی

***

مئی ۱۹۴۵ء

وفا میں ڈوب جانا چاہتی ہوں
الم میں مسکرانا چاہتی ہوں

حریم دل سجانا چاہتی ہوں
انہیں مہماں بلانا چاہتی ہوں

یسر ہو جہاں تسکینِ خاطر
وہیں دنیا بسانا چاہتی ہوں

جبیں اپنی کسی کے در پہ رکھ کے
مقدر آزمانا چاہتی ہوں

کہاں تک دوریِ منزل کا خطرہ
ترے نزدیک آنا چاہتی ہوں

تمنا، آرزو کچھ ہے تو یہ ہے
کہ میں تجھ میں سمانا چاہتی ہوں

خوشا میرا صعودِ عشق انجم
فلک پر جگمگانا چاہتی ہوں

مارچ ۱۹۴۹ء

***

احساسِ محبت کی ادنیٰ یہ نشانی ہے
آہوں میں تلاطم ہے، اشکوں میں روانی ہے

برداشتہ خاطر ہوں دنیا کے جھمیلوں سے
دنیا سے الگ مجھ کو اک دنیا بسانی ہے

ہنگامِ سحر جس کو ہم سنتے ہیں گلشن میں
شبنم کی کہانی ہے، پھولوں کی زبانی ہے

ہونٹوں پہ جو رہتا ہے، وہ ہے ترا افسانہ
جو دل پہ ہے مستولی، وہ تیری کہانی ہے

غم حاصلِ عشرت ہے، پھولوں پہ نظر ڈالو
کلیوں کا تبسم بھی مٹنے کی نشانی ہے

ہر لفظ ہو گلدستہ رنگینی و نکہت کا
اشعار کے پھولوں سے اک بزم سجانی ہے

مجبوری و ناکامی ہے نام محبت کا
ہر ذرے کو اے انجم، یہ بات بتانی ہے

اپریل ۱۹۴۹ء

***

خیال اپنا ہٹا کر کہکشاں اور ماہِ تاباں سے
ملانا چاہتی ہوں اب نگاہیں حسنِ جاناں سے

بہت کی جستجو میں نے حرم اور دیر میں تیری
مگر پایا تجھے نزدیک اپنی ہی رگِ جاں سے

چمن میں صرف بلبل ہی نہیں آشفتہ سر ہمدم
پتہ تو یہ ہی چلتا ہے گلوں کے چاک داماں سے

مٹا کر اپنی ہستی کو حقیقت آشنا ہو جا
اسے پہچان لے دامن بچا کر کفر و عصیاں سے

نشیمن کی بنا پڑتے ہی بجلی نے جلا ڈالا
ابھی مانوس بھی ہونے نہ پائے تھے گلستاں سے

مری کمزور کشتی آ رہی ہے موج کی زد میں
الٰہی خیر ہو، پھر کشمکش ہے زورِ طوفاں سے

زمانہ جھوم جائے اور ہر اک پر وجد طاری ہو
وہ نغمہ چھیڑ اے انجمؔ سلاسل ہائے زنداں سے

--اپریل ۱۹۴۹ء

***

جو فریبِ رہگزر ہیں وہی نقشِ پا مٹائیں
نئے راستے نکالیں۔ نئی منزلیں بنائیں

نہیں مستقل چمن میں ابھی موسمِ بہاراں
کبھی مسکرائیں غنچے تو سنبھل کے مسکرائیں

ہو نوید زندگی کو ہے قریب کامرانی
جو بڑھے ہوئے ہوں آگے، وہ قدم نہ ڈگمگائیں

ہیں اسیرِ طرزِ کہنہ یہ نظامِ نو کے داعی
جو سکوتِ دل ہو ایسا کوئی انقلاب لائیں

کسی غمزدہ کی آنکھیں سوئے آسماں اٹھی ہیں
یہ فلک یہ ماہ و انجم کہیں گر کے رہ نہ جائیں

مرا عزم مستقل ہے کوئی حادثوں سے کہہ دو
رہیں ہوشیار مجھ سے، مرے راستے میں نہ آئیں

ہے یقیں ملے گا ساحل اسی موجِ مضطرب میں
جنھیں ہو ملالِ طوفاں، وہ یہیں پہ ڈوب جائیں

ہو زمیں پہ امن قائم، یہ دلیلِ ارتقاء ہے
نہیں ارتقائے انساں، جو ہیں زیرِ پا خلائیں

نئی منزلیں ملیں گی رہِ زندگی میں انجمؔ
اسی ذوقِ جستجو کو چلو راہبر بنائیں

اپریل۱۹۵۶ء

***

میں بہاروں کے گیت گاتی ہوں
چاند تاروں کے گیت گاتی ہوں

آبشاروں کے گیت گاتی ہوں
کوہساروں کے گیت گاتی ہوں

بڑھ کے جو پھونک دیں نظامِ کہن
اُن شراروں کے گیت گاتی ہوں

گھر کے چاروں طرف سے طوفاں میں
میں کناروں کے گیت گاتی ہوں

میرا دامن جو تھام لیتے ہیں
ان ہی خاروں کے گیت گاتی ہوں

کام جو لغزشوں میں آ جائیں
اُن سہاروں کے گیت گاتی ہوں

چھیڑ کر سازِ مفلسی انجمؔ
غم کے ماروں کے گیت گاتی ہوں

جون ۱۹۵۶ء
شائع شدہ شاعر ممبئی

***

جو زندگی کی کشاکش سے تنگ آئے ہیں
وہ آدمی تو نہیں، آدمی کے سائے ہیں

زمانہ لاکھ مٹائے، مٹا نہیں سکتا
ہم ایسے نقش بھی راہوں میں چھوڑ آئے ہیں

یہ سادہ لوحی ہماری کہ آزما کر بھی
وفا کے نام پہ اکثر فریب کھائے ہیں

نہ مل سکا جنہیں دامن خلوص کا اب تک
کچھ ایسے اشک بھی پلکوں پہ تھرتھرائے ہیں

یہ انتشار، یہ بد نظمیِ چمن انجمؔ
بہار پر بھی مسلّط خزاں کے سائے ہیں

***

الجھنوں سے جو پیار کرتے ہیں
زندگی استوار کرتے ہیں

خشک شاخوں کو دے کے اپنا لہو
انتظارِ بہار کرتے ہیں

رکھ کے ماضی کے تجربوں پہ اساس
حال کو سازگار کرتے ہیں

صاف گوئی پہ جب ہو پابندی
خامشی اختیار کرتے ہیں
***

نظمیں گیت

جھولا

آؤ سکھیو۔ جھولا جھولیں آئی ہے برسات

بجلی چمکے بادل گرجے مست پون لہرائے
رم جھم رم جھم مینہا برسے۔ جھولا ہلوریں کھائے
آؤ ری سکھیو۔۔۔۔۔۔۔

پاپی پپیہا جنگل جنگل پی کی تان لگائے
کویل بولے ڈالی ڈالی سنگ ہمارے گائے
آؤ ری سکھیو۔۔۔۔۔۔۔

لمبی لمبی پینگ بڑھائیں آم کی پتی لائیں
یہ رنگ رلیاں بالے پن کی جانے کہاں کھو جائیں
آ ؤ ری سکھیو.......

***

برکھارت

رنگیں فضائیں
بھیگی ہوائیں
دلکش مناظر
کالی گھٹائیں
برکھا کی رت ہے
کیسی سہانی

سر سبز گلشن
سرشار صحرا
نکھرا ہوا ہے
پھولوں کا چہرہ

برکھا کی رت ہے
کیسی سہانی

شاداب بوٹے
مسرور غنچے
بربط بجا کر
گاتے ہیں نغمے
برکھا کی رت ہے
کیسی سہانی

پھولوں کے رخ پر
رعنائیاں ہیں
رعنائیاں ہیں
رنگینیاں ہیں
برکھا کی رت ہے

کیسی سہانی

فرشِ زمیں پر
گلپوش وادی
اوج فلک پر
قوسِ قزح بھی
برکھا کی رت ہے
کیسی سہانی

پانی کی پریاں
آئیں فلک پر
موتی لٹائے
زلفیں جھٹک کر
برکھا کی رت ہے
کیسی سہانی

فرطِ طرب سے
طائر چہکتے
کلیاں چٹکتیں
گلشن مہکتے
برکھا کی رت ہے
کیسی سہانی

گل اور بلبل
شاداں و فرحاں
ہیں تتلیاں بھی
رقصاں و لرزاں
برکھا کی رت ہے
کیسی سہانی

بگلوں کا اڑنا
کالی گھٹا میں
کوئل کی کوکو
بھینی فضا میں
برکھا کی رت ہے
کیسی سہانی

قالین دھانی
ہر سو بچھا ہے
صحنِ گلستاں
کیا دلربا ہے
برکھا کی رت ہے
کیسی سہانی

انجم یہ رُت بھی

کتنی حسیں ہے
فرشِ زمیں کیا
عرشِ بریں ہے
برکھا کی رت ہے
کیسی سہانی

اگست ۱۹۴۲ء

شائع شدہ زیب النساء لاہور

***

شکایت

ایک خاص واقعے سے متاثر ہو کر

آرام و سکوں ہوئے روانہ
دل درد کا ہو گیا ٹھکانہ
افراطِ الم اسی سے پوچھو
جس کا کہ جلا ہو آشیانہ
کیا بدلی نگاہِ مہر آگیں
گویا کہ بدل گیا زمانہ
دنیا سے وفا کی ہیں امیدیں
تیرا یہ خیال جاہلانہ

قرآن ہو زندگی کا مقصد
انجم ہو روش بھی صوفیانہ

ستمبر ۱۹۴۵ء

***

ایک سہیلی کو خط

کیا یاد بھی ہیں تم کو وہ تین ملاقاتیں

وہ پان مرالانا
تمہارا وہ گھبرانا
'کیا حرج ہے، کھا بھی لو'
میرا یہی دہرانا
بھولی تو نہ جائیں گی
پیہم وہ ملاقاتیں

تکرار وہ چائے پر
وہ پیالیاں بھر بھر کر

تمہارا یہی کہنا
'ایک اور دو' ہنس ہنس کر
بھولی تو نہ جائیں گی
پیہم وہ ملاقاتیں

کم بخت وہ کیٹل تھی
یا کوئی تماشہ تھی
سینے میں لئے اپنے
اک چائے کا دریا تھی
بھولی تو نہ جائیں گی
پیہم وہ ملاقاتیں

اے گردشِ دوراں پھر
وہ دن ہمیں مل جائیں
امید کہ یہ غنچے

اے کاش کہ کھل جائیں
بھولی تو نہ جائیں گی
پیہم وہ ملاقاتیں

یہ زیست بھی اے انجم
ہے مثلِ حبابِ یم
اس طرح گزر جائے
جو پاس نہ آئے غم
بھولی تو نہ جائیں گی
پیہم وہ ملاقاتیں

۔۔جنوری ۱۹۴۸ء

***

تبریک الم آمیز

عزیزہ بختیار فاطمہ (سہیلی اور محترم کوثر چاندپوری کی بھتیجی)
کی شادی اور ان کی والدہ مرحومہ کی موت کی خبر پا کر

مبارک ہو تمہیں یہ ساعتِ خوش بختیار اپنی
ہوئی ہیں بعد مدت کے دعائیں کامگار اپنی

مبارک آج امی جان کے ارماں ہوئے پورے
تھا جن کا انتظار اب تک وہ سب ساماں ہوئے پورے

نہایت چاؤ سے ارمان سے دلہن بنایا ہے
سہاگن رشتہ داروں نے تمہیں مل کر سجایا ہے

بہن، بھائی، پدر، ماں اور بھاوج صدقے ہوتے ہیں
بزرگوں کی محبت کے تقاضے ایسے ہوتے ہیں

بپا ہے غلغلہ ہر سو مبارک کا سلامت کا
دکھائی دے رہا ہے ایک نقشہ عیشِ عشرت کا

بصد عشرت تمہیں ماں باپ رخصت آج کرتے ہیں
دلوں میں موجزن خوشیاں ہیں لیکن اشک بھرتے ہیں

وضاحتؔ کے حوالے وہ امانت آج کرتے ہیں
تمہارا آج سے ہم سب انہیں سرتاج کرتے ہیں

تمہیں حق نے عطا کی ہے ذکا و فہم کی دولت
نئے ماحول کو تم خود بنا سکتی ہو اک جنت

تمھیں اپنے نئے ماحول کی عزّت مبارک ہو
شگفتہ طلعتیں، ہنستی ہوئی صورت مبارک ہو

پڑی عشرت پہ اوس اک اطلاع غم مآب آئی
ابھی دو دن نہ گزرے تھے کہ برقِ انقلاب آئی

یکایک محفلِ عشرت پہ کوہِ رنج و غم ٹوٹا
دلِ نغمہ نوا کے ساز کا ہر زیر و بم ٹوٹا

یکایک پیاری امی جان پر سکتہ ہوا طاری
وہ سانس اکھڑی، وہ ڈوبی نبض، سر پر موت آ پہنچی

ہمارے سر سے سایہ اٹھ گیا پیار اور شفقت کا
عنایت کا، مودّت کا، مروّت کا، محبّت کا

کسے معلوم تھا عشرت بدل جائے گی یوں غم سے
مبدّل نغمۂ شادی بھی ہوگا شورِ ماتم سے

اٹل قانونِ قدرت ہے یہاں میں لب کشا ہو کر
بنوں مطعون کیوں انجم مگر شکوہ سرا ہو کر

خدا دیتا ہے جن کو عیش، ان کو غم بھی ہوتے ہیں
'جہاں بجتے ہیں نقّارے، وہاں ماتم بھی ہوتے ہیں' (داغ)

ستمبر ۱۹۵۰ء

***

تضاد

ہم نفس سوچتی رہتی ہوں کہ ایسا کیوں ہے

آج بھی دیس میں بد نظمی کا عالم ہے وہی
مفلسی ہے وہی فاقے ہیں وہی زر داری
اک طرف ریشم و کم خواب کے زریں ملبوس
اک طرف ننگے بدن چیتھڑوں کو بھی محتاج
اک طرف میز پہ شیشیوں میں ہے دہقان کا خوں
اک طرف بھوک سے فاقوں سے ہے حالت ابتر
برقی فانوسوں سے ہوتا ہے اُدھر دن کا گماں
اور اِدھر ٹوٹی ہوئی کٹیا کا بجھتا سا چراغ
ریشمی پردے ہیں، قالین ہیں ایرانی اِدھر

اور اُدھر بوریا بھی اُس کے مقدر میں نہیں
اِس طرف ساغر مے رقص و سرود و مستی
اُس طرف یاس و الم مفلسی و ناداری
اِس طرف کتّوں کی بیماری پہ آئے سرجن
اُس طرف مفلس و بیمار دوا کو ترسے
ہر طرف عیش کے سامان میسر اِن کو
اور ازل ہی سے مقدر میں ہے اُس کے تکلیف
جس کی محنت سے انہیں رزق ملے راج کریں
ہائے افسوس صد افسوس وہی بھوکا مرے
رفعت و پستیِ انساں کو اگر دیکھنا ہو
دیکھئے دیکھئے وہ سامنے چوراہے پر
ایک بیٹھے ہیں بڑا پیٹ لئے رکشا پر
ایک مدقوق سا مزدور جسے کھینچتا ہے
ہو کے آزاد بھی پایا نہ کوئی امن و سکوں
چین نایاب ہے یوں کہنے کو ہے جنتا راج

آج بھی دیس میں بد نظمی کا عالم ہے وہی
ہم نفس سوچتی رہتی ہوں کہ ایسا کیوں ہے

-- مارچ ۱۹۵۲ء

***

مطربہ سے خطاب

بس بند کر اے مطربہ
یہ تیرا سازِ دلربا
یہ سحر زا نغمے ترے
اور جانفزا نغمے ترے
پر کیف ہیں اور دلنشیں
ان کی ضرورت ہی نہیں
دنیا ابھی خاموش ہے
اور غم سے ہم آغوش ہے
سینے یہاں صد چاک ہیں
آنکھیں یہاں نم ناک ہیں
چہرے فسردہ ہیں ابھی

احساس مردہ ہیں ابھی
اے مطربہ اے سحر گر
تو پھونک سکتی ہو اگر
دنیائے دل میں زندگی
ہر آب و گل میں زندگی
تو شوق سے اے مطربہ
تو چھیڑ سازِ دلربا
دنیا بھی ہم آواز ہے
ہر دل رہینِ ساز ہے
تیری ادا پر ہو نثار
گلزارِ ہستی کی بہار
بھر دے حیات احساس میں
امید جامِ یاس میں
جذبات جو دے زندگی
ظلمت کو دے تابندگی

لے کر اندھیروں کا دھواں
شمعیں جلا دے ضو فشاں
لا انقلابِ کارگر
ہر گھر بنے جنّت کا گھر
پھر چھیڑ کر اک مست راگ
کر دے خنک ہر تیز آگ
تجھ پر فدا اے مطربہ
ہاں چھیڑ اک نغمہ نیا

-- اپریل ۱۹۵۲ء

***

ماں کا خط سرحد پر بیٹے کے نام

قرۃ العین خدا تم کو سلامت رکھے
اب کے پھر ہو گئی تاخیر تمہارے خط میں
بار ہا تم سے کہا اب یہ تساہل چھوڑو
تم نے جاتے ہوئے وعدہ بھی کیا تھا مجھ سے
اپنے وعدے کا بھی کچھ پاس تمہیں ہے کہ نہیں
میری حالت کا کچھ احساس تمہیں ہے کہ نہیں
مادرِ گیتی کا بھی حق ہے یہ مانا میں نے
سال ہا سال ہمالہ نے حفاظت کی ہے
اب ہمالہ کی نگہبانی ہے لازم تم پر
وہ ہمالہ کہ جو صدیوں سے سرافراز رہا
اس کی عظمت رہے پائندہ تمہارے دم سے

اس کی رفعت رہے تابندہ تمہارے دم سے
خط نہ آنے سے پریشانی جو ہوتی ہے مجھے
ضبطِ تحریر میں لانا اسے ناممکن ہے
دل میں رہ رہ کے عجب وہم و خیال آتے ہیں
میں یقیں کر کے پریشان سی ہو جاتی ہوں
تم خیالات کا اندازہ نہیں کر سکتے
ماں کے جذبات کا اندازہ نہیں کر سکتے
سوچتی ہوں کہ یہ تاخیر بلا وجہ نہیں
اور وہ وجہ کوئی حادثہ۔۔۔(اللہ نہ کرے)
تم سلامت رہو دنیا میں مسرّت بکنار
جاہ و اقبال فزوں سے بھی فزوں تر ہو جائے
حادثے ہاں مگر اک عزمِ جواں دیتے ہیں
فی الحقیقت نگہِ خود نگراں دیتے ہیں

۔۔۔دسمبر ۱۹۶۲ء

***

دخترانِ ہند

ناز ہے ہمالہ کو
دختروں پہ بھارت کی
ہم رضیّہ سلطانہ
ہم ہی لکشمی بائی
یاد ہے ہمالہ کو
داستانِ پارینہ

سامراجی طاقت نے جب کبھی پکارا ہے
اس کا آہنی پنجہ بڑھ کے ہم نے توڑا ہے
اپنے ریشمی آنچل دوش پر ہواؤں کے

پرچموں کی صورت میں اکثر ہم نے لہرائے

اب بھی گر ضرورت ہو
ہم ہی رزم گاہوں میں
لکشمی رضیّہ کا
روپ دھار سکتی ہیں
وہ کلائیاں جن میں
چوڑیاں کھنکتی ہیں
دشمنوں کے سینوں میں
نیزہ مار سکتی ہیں
ناز ہے ہمالہ کو
دختروں پہ بھارت کی

۱۹۶۲ء

***

اردو

تخمِ اردو ولیؔ نے بویا تھا
اس کی نشو و نما کا جویا تھا

جیتے جی اس کو خون سے سینچا
دیکھتے دیکھتے پھلا پھولا

شاخ اس کی شمال میں آئی
جس کی خسروؔ نے آبیاری کی

دردؔ و سوداؔ نے اس کو اپنایا
میرؔ و مومنؔ کا تھا یہ سرمایا

آتشؔ و سوزؔ امیرؔ مینائی
سب ہی تھے دل سے اس کے شیدائی

ایسا ماحول سازگار ملا
لال قلعے میں یہ پھلا پھولا

ذوقؔ و غالبؔ نے خوشہ چینی کی
بادشاہوں نے سرپرستی کی

ریختہ کا خطاب اس کو ملا
لکھنؤ میں بھی پائی اس نے جِلا

آگرے کا نظیر 'بنجارہ'
اک نیا روپ جس نے اس کو دیا

فانیؔ اقبالؔ داغؔ اور حالیؔ
بعد کے دور کے تھے یہ مالی

اس کی قطع و برید کرتے تھے
برگ و گل اور بھی نکھرتے تھے

ہاں، یہی وہ درخت ہے اردو
لیکن اب تیرہ بخت ہے اردو

آج بادِ سموم کے جھونکے
چاہتے ہیں، مٹا کے چھوڑیں اسے

لیکن اے یادگارِ میرؔ و بیاںؔ
یعنی اردو بہارِ ہندستاں

تیری عظمت کی کھا رہے ہیں قسم
آنچ تجھ پر نہ آنے دیں گے ہم

***

قطعات

ہم نے آزادی کا اک خواب سا دیکھا تھا کبھی
وائے افسوس یہ اس خواب کی تعبیر نہیں
اہرمن ہیں ابھی ذہنوں پہ اسی طرح محیط
ابھی تاریکی ہی تاریکی ہے، تنویر نہیں

***

زندگی پھول بھی ہے خار بھی ہے
زندگی نور بھی ہے نار بھی ہے
زندہ رہنے کا ہو شعور جسے
زندگی اس کو سازگار بھی ہے

***

شورشِ کائنات دیکھی ہے
زندگی بے ثبات دیکھی ہے
ظلمتیں نور سے ہیں وابستہ
دن کے پردے میں رات دیکھی ہے
***

حاصلِ سعیِ رائگاں معلوم
حوصلے پست ہمتیں سو جائیں
رہِ مقصود کیوں نہ ہو مفقود
راہبر جب کہ راہزن ہو جائیں
***

تابکے گم کردۂ رہ، تابکے یہ لغزشیں
کچھ نہ کچھ اس کے لئے تدبیر کرنا چاہیئے
دوسروں کو نقل کرنا عقل کا شیوہ نہیں
اپنی منزل آپ ہی تعمیر کرنا چاہیئے

***

رباعی

طوفاں کے تھپیڑوں سے نکلنا سیکھو
حالات کے ہر سانچے میں ڈھلنا سیکھو
انسان ہو انسان کی عظمت جانو
ہاں جبر و تشدد کو کُچلنا سیکھو

***

ثلاثی

گر نہیں پاس ترے حسن کی دولت نہ سہی
حسنِ سیرت سے لیاقت سے مزین ہے تو
حسن کا کیا ہے بہر حال فنا ہے اس کو

***